자전거 타는 풍경

한국시학 시인선 038

자전거 타는 풍경
한국시학 시인선 038

초판 발행 | 2024년 8월 30일

지 은 이 정택상
펴 낸 이 김광기
편집주간 박현솔
제작실장 김병훈
펴 낸 곳 문학과 사람
출판등록 2016. 7. 22. 제2016-9호
주　　소 경기도 시흥시 하상로 36 금호타운 301-203
　　　　 서울시 마포구 성미산로 1길 30, 2층
대표전화 031) 253-2575
homepage http://cafe.daum.net/yadan21
E_mail keeps@naver.com

ⓒ정택상, 2024
ISBN 979-11-93841-17-4 03810

값 12,000원

* 이 책의 저작권과 전송권은 저자와 출판사에 있습니다.
* 이 도서의 국립중앙도서관 출판도서목록(CIP)은 서지정보유통지원시스템 홈페이지(http://seoji.nl.go.kr)와 국가자료종합목록 구축시스템(http://kolis-net.nl.go.kr)에서 이용하실 수 있습니다.
* 이 시집은 교보문고와 연계하여 전자책으로도 출간됩니다.

자전거 타는 풍경

정택상 시집

* 본문에서 페이지가 바뀌며 연 구분이 있을 때에는 〈 표기를 합니다.

■ 시인의 말

이 땅에서 가장 순수하고
아름다운 삶의
노래를 부르고 싶다.

마음 길 따라 흘러들어
때 묻은 정신을 씻겨주고
세상만사를 노래하는 시를 쓰고 싶다.

두 번째 시집이다.
오늘도 내일도
꿈을 찾아 시를 쓴다.

성취의 쾌감은
인간만이 누릴 수 있는
최고의 행복이다.

2024년 8월, 정택상

■ 차 례

1부, 詩는 자연을 노래한다

매화 – 19

우수(雨水) – 20

사랑은 별 – 21

봄비 1 – 22

봄비 2 – 23

봄비 3 – 24

초록 바람 – 26

빗소리 – 27

삶의 의미 – 28

나무 – 30

어머니의 사랑 – 31

소양강 처녀 – 34

자연 – 36

낭만 – 38

단풍잎 – 39

자연의 생명력 – 40

도라지 꽃 – 42

2부, 詩는 세상만사를 노래한다

가을바람 - 45

늘 그대로 - 46

석촌호수 - 48

분당 호수를 그린다 - 50

자전거 타는 풍경 - 52

젊은 사람들에게 - 54

동짓날 - 56

독도 1 - 57

독도 2 - 58

나무의 노래 - 60

격려 - 62

낙엽 - 63

천년의 숲 - 64

가을 햇살 - 66

달 토끼 - 67

시 쓰는 여자 - 68

바라볼 수 있어도 - 70

3부, 숲은 생명의 근원이다

모닥불 시인 – 75

갈대 – 76

나무들의 마을 – 78

숲으로 가자 – 80

보름달 – 82

어머니를 생각하며 – 83

들녘 – 84

겨울 소나무 – 85

빛나는 희망 – 86

사진 – 87

겨울 – 88

참외밭 원두막 – 90

수평선에 누우면 – 91

설악산 – 92

정의를 위하여 – 94

소나기 – 95

4부, 내 안엔 숲이 무성하다

백곡저수지 – 99

아름다운 산 – 100

장마 후 – 101

몽당연필 – 102

독작 – 103

정년퇴임 – 104

금낭화 – 106

원두커피처럼 – 107

행복을 주고 – 108

섬 – 109

아름다운 단풍 – 110

처녀처럼 – 111

혼자 있는 숲 – 112

미선나무 – 114

입추 – 115

굴업도 – 116

세월을 즐긴다 – 118

■ 발문 | 임병호(시인, 한국시학 발행인) – 121

1부

詩는 자연을 노래한다

매화

엄동설한을 지나
봄이 되어
차가운 꽃샘바람에도

뜰에 살포시 피어 있는 매화는
시집온 새댁의
수줍은 웃음꽃이다

은은하고
맑은 향기
청초한 절개

사람들의
가슴이
매화 향 내음에 젖는다

우수(雨水)

햇살 아래
외로운 겨울나무

앙상한 가지마다
심장이 용솟음치면

가지마다 눈망울
촉촉하게 젖어 드는데

혜풍이 불어와
초록 물감 뿌린다

봄비가 얼음을 녹이면
개구리도
사랑 찾을 준비하고

밭고랑도 기지개 켜며
맑은 햇살 보며
씨앗 달라고 외친다

사랑은 별

사랑이 없으면

무엇이
어둠을
밝히겠는가

사랑은
별,

작은 사랑도
모두 반짝인다

봄비 1

고요하다

귓가에 스치는
온기의 숨결

풍부한 색채
혜풍에 만 색 향기를 싣고

보랏빛
언어를 안고 온다

보슬보슬
새 생명이 내리면

만물이
변신하는 봄비

봄비 2

숲속에
봄비가 내린다

온종일
보슬보슬
초록을 부른다

숲은
생명의 젖줄

자연의
보석

행복의 소리
평안의 소리 들린다

깊은 마음속
초록별이 뜬다

봄비 3

봄비가 적셔 내리는 거리
화가의 그림을 나타낸다

한 줄기 햇살이
꿈틀거리는 봄날에는

방울방울
소리가 창문을 향해
가슴 깊이 적시며

구름 아래
떨어진 봄비의 노래

구름과 비의
조화로운 춤은
땅 위에는 작은 미소가 피어난다

꽃잎 위로 떨어진 봄비

나른한 공기 속에서 간직된 시간

어느새 길가의 나무들이
봄비에 씻겨나가듯
더욱 푸르게 피어나고

봄비 속에 감춰진 세상
새로움과 소망으로
가득찬다

초록 바람

나의 마음이
광합성을 시작하면

금세
연초록 진초록 만든다

그 위에
녹음이 우거져 춤을 추면

내 마음 초록 바람 되어
지구를 품는다

빗소리

비 오는 날
빗소리 들어 봅니다

귓가에 울리는
따뜻한 소리

풍부한 색채로 물든
만 색 향기

그 향기
임의 향기로 다가오면

그대는 이미
임과 함께 있습니다

삶의 의미

삶의 의미는 책처럼 넓고 깊다
우리는 삶을 쓰고 읽고 그 의미를 찾아 나간다

시간은 책갈피처럼 우리를 이끌고
모험과 경험을 품은 삶은 길고
아름다운 여정이다

큰 꿈과 목표를 향해
나아가면서 깨닫는다

사랑과 관계
봉사와 기여
우리의 행동과 선택이
삶에 의미를 부여한다

고난과 역경
행복과 성취
이 모든 순간을

더욱 풍성하게 만든다

우리는 자유롭게
그 의미를 찾아
각자의 삶을 풍요롭게 펼쳐간다

삶의 의미는 우리의 손에서
끝없는 두뇌와 마음의 모험으로 이어진다

나무

나무의
잎에는
사계절이 있고

나무의 입에는
침묵이 있으며

나무의
가슴속엔
생명, 희망, 사랑, 용기, 번영, 베풂이 있다

어머니의 사랑

어머니의 손길은
따뜻하였으며 삶의 미소는
사랑의 노래였다

어두운
밤이더라도

어머니의 눈은 빛나며
내 마음을 밝혀주셨다

어머니 사랑은
끝없이 넓은 하늘처럼
품 안에는 편안함과 이해가 가득하셨다

어머니의 손에는
세월의 흔적이 있었지만

그 흔적은 삶의 단편을

한 권의 책으로 남겨둔 것처럼
아름답게 느껴진다

어머니의
눈 속에는
지혜로운 이야기들이 잠겨 있어

어머니의
말씀 한마디가
나에게는 길이 되었다

세상에 어떤 어려움도
굴하지 않고

어머니가 주는 사랑으로
견딜 수 있었다

어머니의 미소는

어둠을 밝혀주는 햇살이었고

희망의 문을 열어주는 열쇠였으며
어머니의 이름은 사랑이었다

그 사랑의 힘으로
오늘의 내가 있다

어머니 감사합니다
그리고 사랑합니다

소양강 처녀

소양강 물결은 부드럽게 흘러가고
소양강 처녀의 순백한 미소와

머릿결에 묻은 산풍을 띄우는 향기는
자연의 일부인 듯하다

여린 목소리로 노래하는 그녀는
강인한 마음을 담아 하늘로 퍼지고

여린 꽃들이 소양강 둔치에 피어나듯
처녀의 미소는 봄날의 햇살처럼
따뜻하고 감미롭다

눈빛은 어둠을 밝히듯
빛나는 희망으로 마음을 가득 채워주며

소양강 물결이 부드럽게 안아주듯
처녀의 순수한 마음이 우리를 감싼다

〈
그 미소는 자연과 어우러진
인간의 진실과 아름다움을 노래한다

자연

푸르른 나무들이 춤추며
고요한 순간이 흐르고

시냇물의 윤슬은 조용히 흘러가며
작은 돌들을 감싸 안는다

하늘의 청명함이 자연의 미를 드러내어
푸른 하늘 아래 희망의 날개를 편다

풍경은 자연이 그린 수채화 같아서
순간을 멈추게 만든다

초록으로 뒤덮인 언덕에는
바람이 스쳐 가며
풀들을 춤추게 하고

자연은 시간의
흐름을 잊게 만들어주며

〈
간혹 작은 꽃 한 송이에도
우리에게 큰 감동을 안겨준다

이 모든 순간들이 우리에게
자연을 아름다움을 느끼게 하며

우리는 그 속에서 자유롭게
평화로운 마음을 갖는다

낭만

달빛이 쏟아지는 밤
반짝이는 별을 보며
마음이 별과 같이 흐른다

서정의 감성이 흐르는 길
사랑의 미소가 머무는 곳
고요하게 사색을 즐기는 벤치

옛 친구 그리며
자치기하며 놀던 그리움의 환희
낭만의 순간을 꿈꾸며

많지 않게
적지 않게
욕심을 버리고
웃으며 살아가리

단풍잎

연초록이
진초록 되더니

어느새 붉은 잎 되어
사랑 잎으로 변하였다

모든 비바람 이겨내고
열정으로 살아온 너

인내의 시간이 너를 만들었다

이제 갈색 잎으로 변하여
생을 마치고 떨어져 가는
네 모습이 아름답다

자연의 생명력

자연은
우리 주변에 놀라운
아름다움을
가지고 있습니다

생명과 생명력의
원천이기도 합니다

자연을 통해
우리는 존중과 이해를 통해 조화롭게
공존할 수 있습니다

자연으로부터 배울 수 있는
많은 비법과 지혜가 있으며

우리가 자연을 존중하고
보호하는 것은
〈

우리의 자신과 지구 전체의
번영에도 도움이 됩니다

자연과 어우러져
삶을 즐기며

그 안에서 우리의
안식처를 찾을 수 있기를
염원합니다

도라지 꽃

뒷마당
저편
도라지꽃

꽃잎에
이슬 맺혀
청순하다

그 꽃
보랏빛

내 마음도
보랏빛으로
물들었다

2부

詩는 세상만사를 노래한다

가을바람

여름에 흘린 땀방울
진주가 되었다

배고픈 뒤주들
문 열고 기다리니

진주 말리는 소리
가을바람에
온 누리에 퍼진다

늘 그대로

영봉
돌계단
늘 그대로이다

그 뜨거운
불볕도 이겨내고

폭풍우 몰아치고
눈보라 치는 엄동설한에도
그대로 있다

욕심을 버리고
세상의 모든 풍파
지켜만 보고 있다

해님이 물어도
답이 없고
〈

달님이 물어도
답이 없다

세상은 말없이
사는 거라고

고독을 함께하며
늘 그대로 앉아 있다

석촌호수

맑은 하늘
푸른 호수 둘레에
분홍빛 띠를 두른 벚꽃

백조는 짝을 찾아
술래잡기하고

휘날리는 능수버들 아래
금붕어는
유유자적 물가를 맴돈다

비둘기는 사랑 찾아
호수 위를 날고

아이들은 놀이터에서
미래의 꿈을 펼친다

사람들은 둘레길을 걸으며

담소하며 낭만과 희망을 품는다

길옆 피아노 치는 여인
한없이 곱고

그 멜로디
하늘까지 울려 퍼진다

분당 호수를 그린다

풀잎의
맑은 이슬 아름답다

넓은 호수만큼
하늘이 열리고

단풍을 입은 산들이
물속에 더욱 붉다

물안개 자욱한 호숫가
억새밭 햇살

노랗고 붉은 색깔 입은
단풍잎 참 곱다

반쪽 낮달
호수에 누이고
〈

호숫가
꽃내음 맡으며

가을 붓으로
청둥오리가 비상하는
분당 호수를 그린다

자전거 타는 풍경

푸른 산
작은 마을
시골길

젊은이가
휘파람 불며
자전거를 타고 간다

자전거 바큇살에
햇빛 실려
돌아간다

푸른 바람 불어와
마음을
비워주고

길옆 꽃들은
한들 바람에

방긋방긋 웃는다

맑게 흘러가는 시냇물
윤슬이
더욱 아름답고

들녘에서
수수, 참깨, 들깨, 조 이삭
순금 빛으로 익어간다

어제보다
높아진 하늘
먼 산 바라보면

내 마음
바람 따라 둥실둥실
자전거 타고 하늘로 올라간다

젊은 사람들에게

그대
푸르름
싱그럽다

뜨거운 심장의 피가
용솟음친다

겸손
성실
용기

그대의 노력이
민족의 영웅 되어
자손만대
부국강병이 된다

새 시대
새 사람들이여

게으르지 말라

인생은
출발점이
아니라
도착점이다

동짓날

밤은 깊어
삼경인데

왜 이리
잊기가 어려운가

왜 이리
버리기 어려운가

함박눈은
창가에 쌓이는데

도저히
이 마음 알 수가 없네

독도 1

동도 서도
팔십구 개 작은 섬

흰 물결
파도 소리
용솟음친다

강인한 숨결
그 외침

섬도
하늘도
바다도
진실을 외친다

독도 2

한 바다의
깊은 끝자락에 푸르게 떠 있는
독도의 섬들은 시간의 흐름을 간직하고

바다의 소리가 하늘 높게 퍼지며
독도의 땅은
역사의 무게를 안고 우뚝 서 있다

한민족의 자랑스러운 역사의 여명이
담긴 곳

물결이 부드럽게 밀려오면
사랑으로 우리의 마음에 새겨지고

우리는 자유로운 독도의 품에서 평화롭게
번영하는 미래를 꿈꾼다

바다와 하늘이 만나는 독도는

우리의 자부심이 아름다운 곳

수수만년 자자손손
물려 줄 독도는
영원한 대한민국이다

나무의 노래

바람 부는 숲속에서
나무들이 속삭이는 노래는

가지마다 흔들리며
소리를 내는 나무의 미묘한 언어다

뿌리 깊숙한 곳에서 흘러나오는
대지의 속삭임도 함께

푸르게 우거진 숲속에서
고요하고도 깊은 울림이다

자연의 은총을 노래하며
시간은 나무의 속에서
느리게 흘러간다

그 무게 있는 노래는
삶의 변화와 자연의

소리를 담아내어 울린다

숲속의 나무들은 끝없는
세월을 노래하며

쪽빛 드리운 가지 끝에
주름진 얼굴을 펴고
사랑은 이어진다

격려

쓰담
쓰담

눈이 내린다

쓰담
쓰담

격려의 글자가 내린다

낙엽

가을 낙엽
나뭇잎이 춤추는 날

햇살 속에서
그림자가 솜털처럼 떨어지고

나무줄기는 시간을 거슬러 높게 솟아
옛이야기를 간직한 듯 차분하게 말한다

바람이 스치는 그 순간
가을의 미소를 전하며

더욱 아름답게
하늘과 어우러져 자연의 미를 품는다

가을의 풍경을
그린다

천년의 숲

시간의
흐름을 간직한 숲

나무들이
하늘로 높이 솟아
천년의 고요함을 이야기한다

꽃잎은
차분한 바람에 흔들리며
자신만의 미를 경험한다

한층 높아진 나무
천년의 숲은
우주와 같다

그 안에서
펼쳐진 이야기들은
시간의 흐름을 읽는 듯한 신비로움으로 전한다

〈
천년의 숲
우리는 그 속에서
자연과 시간의 흐름을 공감하며 살아간다

가을 햇살

가을 햇살이 부드럽게 내리쬐는 날
길가에 떨어진 단풍잎은 붉고 곱다

따스힌 햇살이
어깨에 내리쬐며
달콤한 향기가 퍼져간다

틈 사이로 비치는 햇살은
작은 입맞춤처럼
마음을 따스하게 만들고

하늘은 맑고 푸르며
햇살은 그 위를 황금빛으로 스며든다

산뜻한 공기와 함께
느껴지는 햇살은 우주를 밝히며
만물을 이롭게 한다

단풍이 춤추는 그 순간
가을 햇살은 시간을 멈추게 한다

달 토끼

우물 속에 뜬 달
두레박으로 건져 올렸더니

달 토끼가 뛰쳐나와
지구별을 여행하고 싶다 한다

바람 올라타는 법을
가르쳐 달라고 한다

시 쓰는 여자

차 한잔 마주하고
먼 산을 바라보는

여자의 눈망울은
맑고 깊다

이슬처럼 영롱한
맑은 심성을 지닌 시인

도시의 소음이
그림자처럼 다가와도
조용하다

카페의 창가에 앉아
삶의 보람을 노래하고

봄이면 꽃향기
여름이면 초록 바람 소리

가을이면 붉은 낙엽의 감성
겨울이면 하얀 눈 내리는 풍경을 담아낸다

사랑의 눈물을 흘릴 때도
그 눈빛
그 미소가 세상을 밝힌다

바라볼 수 있어도

그저 바라볼 수 있어도
좋은 사람이여

하늘에 흐르는 구름과
하늘 아래 생명의 숲이 있고

바다의 끝을 따라
파도가 춤추며
해가 지는 그 순간의 붉은 노을은 아름답다

한 잔의 차
창문 너머의 눈 내린 풍경

밤하늘의 별빛에
속삭이는 바람

쉬운 숨소리와
감정의 흔적을

틈새로 흐르는 시간

하늘에 뜬 풍선의
꿈을 실어 나르는 공기

세상의 다양한 아름다움
그저 바라볼 수만 있어도

그 순간
그 순간 행복을 느끼는 사람이여

3부

숲은 생명의 근원이다

모닥불 시인

모닥불이 춤추는 어둠
그 속에 감춰진 시인의 목소리

불빛에 반짝이는 시의 언어가
모닥불이 이야기를 노래한다

마음을 따뜻하게 해주며
감정의 불꽃이 놀이한다

밤이 깊어지면 모닥불은 더 밝게 비추고
시인의 노래는 멀리멀리 날아간다

모닥불은 시인의 언어로
세상을 묘사하고 소통하는 공간

어둠을 밝히며
영혼의 시를 전하고 있다

갈대

갈대숲
푸르게 우거진 들판

바람이 흔들어도
그림자는 고요하다

높이 솟아오르는
갈대의 줄기

자연의 흐름에 따라
은은한 노래를 흘리면

반딧불처럼 빛나는 갈대
해가 진 뒤에도 그림자를 던져
자연의 미를 간직한다

비바람
몰아치는 날

〈
갈대는 자신만의 희망을 안고
더욱 굳건하게 서 있다

시들지 않는
갈대는

강가의 비밀을 간직한
자연의 예술이다

나무들의 마을

나무들의 마을은
숲의 신비한 소리를 품는다

나뭇가지로 이루어진
작은 마을은 신선의 집이다

나무들이 노래하고
잎은 춤추며

숨결이 어우러진
나무의 마을은
자연의 향기로 가득하다

나무들은 고요한
언어로 서로 속삭이고
바람이 그늘의 이야기를 전해준다

뿌리가 얽힌 그들의 고향

우리의 삶도 서로 얽혀 함께한다

나무들의 마을은 고요하며
시간의 흐름을 느낀다

우리는 그 안에서
자연과 조화롭게 공존한다

숲으로 가자

가자 숲으로
숲으로 가자

울창한 숲은
생명의 숲이며
치유의 공간이다

숲에서
바람의 신선함 흠뻑 마시자
심리적 안정을 주고
자연의 평화가 온다

숲은 오감을 자극하는
요소가 많다

녹음이 우거진
숲길을 조용히 걸으면
〈

몸과 마음이
행복해진다

가자 생명의 숲으로 가자

보름달

하늘에 떠오른 보름달
꿈속의 은은한 불빛과도 같다

달빛이 비치면 세상은
우리의 마음을 밝힌다

달빛에 비친 나무그림자는
우리의 추억 속에 흐르는 향수

보름달은 세계의 아름다움을 담아낸
자연 예술

하늘에 떠오른 보름달은
우리에게 희망을 전한다

어머니를 생각하며

깊은 밤
별을 보며
어머니 얼굴 그립니다

한 많고
설움도 많았던 그 시절
뒤로하고

자식 잘 되기를
기도하시며
하늘에 별이 되신
어머니!

오늘 밤
소쩍새 울음소리에
가슴이 적셔집니다

들녘

해가 뜨면 푸른 초록이
노래하듯 자연의 풍요가 느껴진다

바람이 불면 나부늘이
노래하는 그 순간

꽃들은 햇살에 미소 지으며
풍요의 상징으로 피어난다

곡물이 익어가는 들녘
노란 물결이 춤을 추며 풍부함을 알리며

우리의 마음에 미소를 띄운다

겨울 소나무

겨울 소나무
오염을 씻은 순백으로
봉오리 진 눈꽃을 탐스럽게 안고 있다

구름도 눈빛을 받아
더 하얗게 변하고

청계산 봉우리에는
더욱 흰빛이고 아름답다

겨울 소나무가
두 팔을 활짝 걷어 올리고
눈 내리는 숲속을 고요히 지키고 있다

빛나는 희망

하늘에 떠오른 해가
세상을 비추듯

노래하는 바람에
흔들리는 나무는
자연을 만끽한다

인간의 성취와
헌신이 영광으로
기록되듯

자신을 이기고
세상을 품으면
영광으로 채워진다

최고의 영광은
세상의 빛나는 희망과
무한한 가능성이다

사진

한쪽 눈 감고
심호흡하며
한 바람에 시간이 멈춘다

가만히 서 있는
나의 눈앞에

세상이 온통
웃음으로 물들었다

잠시 동안
모든 것이 멎은 듯하다

순간이
영원으로 간직될
순간 포착

겨울

흰 눈이 하늘에서
대지를 차갑고 고요하게 만든다

가로등이 불을 밝혀내는
길가에서는 강렬한 빛과
그림자가 춤추며

어둠을 밝히는
서정의 축제를 연출한다

얼어붙은 호수는 시간을 멈춘 듯
어지러운 물결을 그려내고
창문에는 얇은 얼음 결이 차가운
창틀을 장식한다

모든 것이 정적으로 보이지만
작은 불빛이 창가에 불을 지펴
따스함을 전하며

〈
창문 너머로 눈송이는
수수께끼 같은 순간을 만들어낸다

겨울의 서정은 어딘가에 감춰진
아름다움을 찾아내는 여정

차가운 공기와 따뜻한 불빛이 어우러져
새로운 이야기를 쓰는 듯한 고요한
아름다움을 선사한다

참외밭 원두막

외갓집 먹뱅이골
원두막 하나

벌, 나비
참외 꽃에 앉아 사랑놀이한다

강아지 그늘에서 낮잠을 즐기고
매미 소리 구슬프게 울어 댄다

뙤약볕에 참외는 노랗게 익어가고
뭉게구름 쉬었다 간다

벌거숭이 어린아이들
멱 감고 배고프면
노란 참외 한입 떼어먹고
마냥 행복해지는 곳

그 시절 그립다
먹뱅이골
참외밭 원두막

수평선에 누우면

바다는 온통 푸르른데
붉은 노을 수평선에 닿으면

섬 그림자 길게 내려와
바다에 볼을 비빈다

내 깊은 마음
수평선에 누우면

어머니의 그리움
가슴에 품는다

설악산

숭고하고 웅장한
하늘과 땅을 채운
육중한 산세

자연에 몸부림을
산은 고요히 안아준다

수많은 기암괴석을 마주하면
내가 가장 나다워지는
순간을 느낀다

바람처럼
이산 저산 옮겨 다니며

짜릿한 계곡
수려한 꽃길을 걸으면

몸도 마음도 당당해지고

희망과 용기를 준다

아무리 아름다운 꽃이라도
매서운 바람과 추위를
견디듯

우리도 담대한 산길을
한 발 한 발 내디디면

대자연에 감사함을 느끼며
행복에 젖어 든다

정의를 위하여

정의의 길에 서 있는 우리
어둠을 밝히는 등불이 되리라

진리의 무게를 안고
억울한 소리를 솟게 하리라

어지러운 세상 속에서도
정의의 나침판은 늘 우리를 이끌 것이다

마음에 피어나는 선한 꽃들은
언젠가는 정의의 정원에 피어날 것이며

하늘에 떠 있는 달과 별들이
우리를 감싸 안으리라

정의를 위해 일어서는 순간
우리는 모두 하나가 되어 희망의 날개를 펴리라

소나기

땅은 자유롭게 춤을 추고
대지 위에 자연들은
기쁨의 노래를 부른다

비의 소리는 들판 농부의
기쁨 속에서 울리는 숨소리

간절한 기도처럼
목마른 모두에게 새 생명을 부여한다

비 안에 감춰진 햇살은
소나기의 미소처럼 다가오며

소나기가 지나면 나타나는
신선한 바람은 새로운 시작을 알린다

그 순간도 우리의 마음에도
삶의 상쾌한 여정을 알린다

4부

내 안엔 숲이 무성하다

백곡저수지

달빛은
휘영청 밝은데

흰 물결 제치는
작은 배 하나

낚싯줄 던지니
물고기는 간데없고

고요한
물결만 이누나

물속에 말없이
달빛만 누워 있다

아름다운 산

하늘은 맑고
강물은 시처럼
풍경은 바람처럼 흐른다

산천엔 푸른 물이 배어있고
호수엔 윤슬이 빛난다

자연은 서서히
가슴에 자리 잡고

산이 주는 기쁨은 모두에게
영양분을 제공한다

산은 자연박물관
사람들에게 즐거움을 준다

산은
희망을 주고
미래를 준다

장마 후

외로움
그리움
모두 떠내려가고

청산
나무들
목욕하고

맑은 햇볕
소리쳐 부른다

몽당연필

살을
도려내는 고통

인내로
숨을 쉬며

각고의
노력으로

선구자를
만드는 정염

독작

우주에
별
하나

나는
그 안에서
술을 마신다

외로움
한잔

서러움
한잔

외롭지 않기 위하여
서럽지 않기 위하여

혼자 술을 마신다

정년퇴임

아, 해방이다!
마음 졸이며 살아왔던 세월이
여명처럼 다가온다

젊음이 주름 되어도
향기가 솟는다

아스라이 보이던 길 이제 헤쳐 나와
사랑이 피어난다

무쇠 같던 육신이
단풍 되어 곱게 물들고

미움의 마음 사랑으로 변하여
편안한 안식처를 반긴다

인고의 세월
열정의 그 세월 뒤로하고

〈
이제 안정된 둥지에서
먼 산 바라보며 아름다운 세월
1막 2장을 열어 간다

생명의 가을에서
아름답고 고운
둥근달이 되어
세상을 밝게 비친다

이젠 모든 시름 벗어 버리고
새 생명 잉태하는 숲으로 돌아와
인생 소꿉놀이한다

금낭화

예쁘다

당신을
따르겠다는 꽃말

질서와 순리
겸손과 정의를
외치는 것 같다

신의 작품
아름답다

원두커피처럼

명장의
원두커피

완벽한 블렌딩
섬세한 로스팅

만인들이 좋아하는
그 향기

나는
원두커피처럼
향기 나는 당신이
참, 좋습니다

행복을 주고

넓은 하늘
조각구름에

성실로
밑그림을 그리고

겸손으로
색을 입히면

일곱 색깔
무지개 되어

만인들에게
행복을 주고

가슴 가슴마다
불 밝혀준다

섬

사람들의 가슴엔
섬이 있다

나는 그 섬
푸른 집 창가에

떨어지지 않는
붉은 단풍잎이고 싶다

아름다운 단풍

가을이 내리는 숲속의 대지
단풍나무들은 불타듯이 빛난다

빨갛게 물든 나뭇잎은 자연이
펼친 화려한 수채화 같다

호수에 비친 단풍의 모습은
하늘과 땅이 만나는 경이로운 풍경 같고

산과 계곡 숲속에 흩어진 단풍은
가을의 멜로디를 우리에게 전한다

바람 스치는 소리는 단풍의 축제가
펼쳐진다는 소식이다

숲속의 단풍은 자연의 예술
아름다운 풍경을 담은 채
우리에게 속삭인다

처녀처럼

가뭄 끝나 비 온 뒤
봉숭아 씨앗 심고
싹이 터
마냥 기뻐하며
자랑스러워했다

또 다른 꽃씨 뿌리고
웃는 모습
처녀와 같다

검은 눈망울
별처럼 반짝이며
미소 짓는
아내가 참 곱다

혼자 있는 숲

나는 숲길을 따라
조용한 옹달샘에서
목을 축이고

산비둘기 구구구
울어대는 나무를 찾아갔다

그 비둘기 외로워서
그리운 짝을 찾기 위해
울고 있었다

다람쥐는 도토리 밥
열심히 물어다 집에 쌓고

청설모는
나무에서 그네를 타며
나를 반겨준다
〈

사라져가는 세월을 뒤로하고
벤치에 앉아
사색을 즐기면
지나간 세월이 아련하다

미선나무

모든 슬픔이 사라진다
미선나무의 꽃말이다

한반도에서만 자라는
국가 보호종

괴산군 송덕리
산야에 미선나무
꽃향기 그윽하다

꽃잎마다
살랑이는 바람 소리 스민
미선나무

사람들이
그 향기에 도취되어
사랑을 품는다

입추

여름 뜨거운 숨결이
잠시 멈추고
가을 소식이 고요히
다가온다

아침 안개 속에 스며드는
서늘한 기운,
새로운 계절의 문을 열어준다

나뭇잎 끝에 맺힌 이슬방울은
햇살에 반짝이는 보석의 약속,
들녘에 퍼지는 풍요의 노래가
멀리서 들려온다

굴업도

해변 파도 소리
고요히 들리는
굴업도

백사장에 흩어진
별빛은
은실을 엮어 바람에 드리운다

나무들의 숨결, 바람 속에 속삭이고
바위 틈새 꽃들은
열정과 희망의 색깔로 피어난다

섬 끝에서 바라보는
수평선은
끝없는 꿈과 현실의 경계

굴업도 그 이름 속에 담긴
전설의 이야기가

바다에서 출렁이고

눈을 감고 바라보면
나의 꿈들이
별빛 속에 녹아든다

세월을 즐긴다

갈대 밭지나
원두막

다정한 친구들이
정담을 나누며
곡차를 즐긴다

술친구들이 좋으면
안주 상관없이
얼큰한 법인데

물고기
매운탕 덕에
막걸리가 맛을 더한다

안색들도 불콰한 것이
술맛 한번 제대로다
〈

달빛 어스름해질 때까지
세월을 즐기니
인생도 멋있게 흘러간다

■□ 발문(跋文)

현대를 살고 있는 선비 시인의 노래

임병호(시인, 한국시학 발행인)

    정택상 시인은 경력이 특이하다. R.O.T.C 출신으로 교육학석사를 거친 농학박사이다.

    태권도 8단, 합기도 9단의 스포츠맨으로 국기원 심사평가위원인데 한국교원대학교 교육연수부장을 지냈고, 산림치유연구회 회장으로 『조경실제론』이라는 저서를 발간했다. 문무를 겸비했다.

    문단에는 늦은 나이에 나왔지만 2023년 첫 시집 『치유의 숲』을 상재하고 1년 만에 두 번째 시집을 세상에 내어놓는다. 詩에 대한 열정이 대단하다. 이미 오래전부터 詩의 길을 걸어왔기 때문이다.

    "아름다운 사랑의 노래를 부르고 싶다"면서 이 시대를 살고 있는 사람이 정택상 시인이다.

    일찍이 "詩는 삶을 노래한다. 이 땅에서 가장 순수하고 아름다운 사랑의 노래를 부르고 싶다"고 말했었는데 과연 그러하다.

『자전거 타는 풍경』은 청량하다. 한 폭의 풍경화를 보는 것 같다. 동화를 읽는 것처럼 어린 시절을 떠올리게 한다.

푸른 산 아래
작은 마을
시골길

젊은이가
휘파람 불며
자전거를 타고 간다

자전거 바큇살에
햇빛이 실려
돌아간다

푸른 바람 불어와
마음을
씻어주고

길옆 꽃들은
한들 바람에
방긋방긋 웃는다

맑게 흘러가는 시냇물
윤슬이
더욱 아름답고

들녘에서
수수, 참깨, 들깨, 조 이삭
순금 빛으로 익어간다

어제보다
높아진 하늘
먼 산 바라보면

내 마음
바람 따라 둥실둥실
자전거 타고 하늘로 올라간다.

- 「자전거 타는 풍경」 전문

정택상 시인의 작품들에서는 자연, 숲, 사모곡, 사처곡이 주목된다.

「매화」「봄비」「나무의 노래」「천년의 숲」「나무들의 마을」「숲으로 가자」「들녘」「아름다운 산」「미선나무」「혼자 있는 숲」 등은 자연, 숲을 예찬한 노래들이다. 자연의 소중함과 고마움을 일깨워준다. 특히 사랑의 고귀함을 보여준다.

사랑이 없으면
무엇이
어둠을
밝히겠는가

사랑은
별,

작은 사랑도
모두 반짝인다

－「사랑은 별」 전문

뒷마당

저편

도라지꽃

꽃잎에

이슬 맺혀

청순하다

그 보랏빛에

내 마음도

보랏빛으로

물들었다

-「도라지꽃」전문

깊은 밤

별을 보며

어머니 얼굴 그립니다

한 많고

설움도 많았던

그 시절 뒤로하고

자식 잘되기를
기도하시며
하늘의 별이 되신
어머니!

오늘 밤
소쩍새 울음소리에
가슴이 적셔집니다

-「어머니를 그리며」 전문

가뭄 끝나 비 온 뒤
봉숭아 씨앗 심고
싹이 터
마냥 기뻐하며
자랑스러워했다

또 다른 꽃씨 뿌리고
웃는 모습

처녀와 같다

검은 눈망울
별처럼 반짝이며
미소 짓는
아내가 참 곱다

- 「처녀처럼」 전문

정택상 시인은 그 성품처럼 공직생활을 청렴하게 마치고 그 소회를 「정년퇴임」에서 "아, 해방이다! / 마음 졸이며 살아왔던 세월이 / 여명처럼 다가온다 // 젊음이 주름되어도 / 향기가 솟는다"며 "인고의 세월 / 열정의 그 세월 뒤로 하고 // 이제 안정된 둥지에서 / 먼 산 바라보며 아름다운 세월 / 1막 2장을 열어 간다"고 희망을 품는다.

"생명의 가을에서 / 아름답고 고운 / 둥근 달이 되어 / 세상을 밝게 비친다 // 이젠 모든 시름 벗어 버리고 / 새 생명 잉태하는 숲으로 돌아와 / 인생 소꿉놀이한다"고 소년처럼, 청년처럼 포부를 밝힌다.

정택상 시인의 삶에서 '제1막 2장'은 바로 사랑하는 아내와 동행하는 '시인의 길'이다.

우주에
별
하나

나는
그 안에서
술을 마신다

외로움
한 잔

서러움
한 잔

외롭지 않기 위하여
서럽지 않기 위하여

혼자 술을 마신다

-「독작」 전문

詩가 공연히 어려워져 외면을 받는 작금의 한국문학 풍토에서 「독작」은 절창이다.

로맨티시스트 시인 정택상의 영혼 세계를 이 「독작」이 선명하게 보여준다.

'사랑'과 '자연'은 문학이 지향하는 가장 원초적인 모티브(motive)다. '세월을 즐기는' 유정한 시집 『자전거 타는 풍경』이 널리 읽히기를 기대한다.*